AF188911

Impressum
Verlag: BABADADA GmbH, Nedderfeld 112 , 22529 Hamburg
Geschäftsführer / Verlagsleitung: Harald Hof
Druck: Books on Demand GmbH, In de Tarpen 42, 22848 Norderstedt

Imprint
Publisher: BABADADA GmbH, Nedderfeld 112 , 22529 Hamburg, Germany
Managing Director / Publishing direction: Harald Hof
Print: Books on Demand GmbH, In de Tarpen 42, 22848 Norderstedt

l'école
məktəb

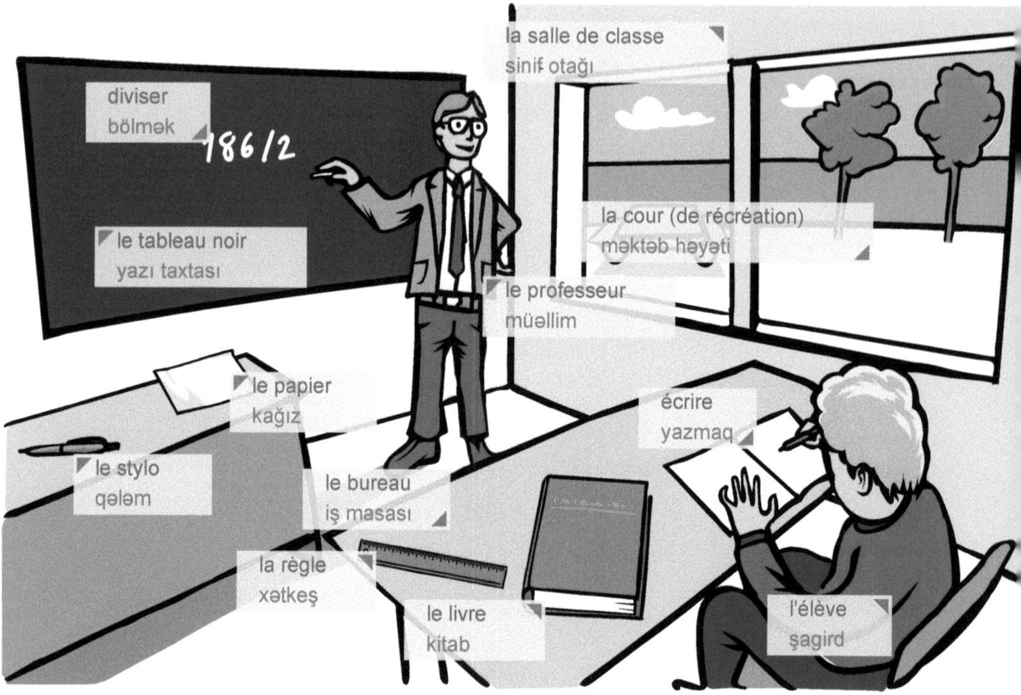

la salle de classe
sinif otağı
diviser
bölmək
186/2
le tableau noir
yazı taxtası
la cour (de récréation)
məktəb həyəti
le professeur
müəllim
le papier
kağız
écrire
yazmaq
le stylo
qələm
le bureau
iş masası
la règle
xətkeş
le livre
kitab
l'élève
şagird

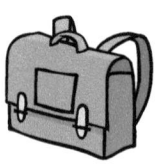

le cartable

məktəbli çantası

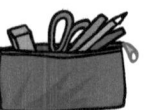

la trousse

karandaş qabı

le crayon

karandaş

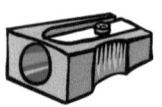

le taille-crayon

karandaş yonan

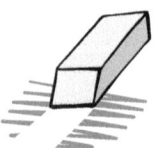

la gomme

pozan

le carnet à dessin

rəsm albomu

le dessin
rəsm

le pinceau
boya fırçası

la boîte de peinture
boya qutusu

les ciseaux
qayçı

la colle
yapışdırıcı

le cahier d'exercices
dəftər

les devoirs
ev tapşırığı

le chiffre
say

additionner
əlavə etmək

soustraire
çıxmaq

multiplier
vurmaq

calculer
hesablamaq

la lettre
hərf

l'alphabet
əlifba

le mot
söz

le texte

mətn

lire

oxumaq

la craie

tabaşir

la leçon

dərs

le livre de classe

sinif jurnalı

l'examen

imtahan

le certificat

təhsil haqqında sənəd

l'uniforme scolaire

məktəb uniforması

la formation

təhsil

le lexique

ensiklopediya

l'université

universitet

le microscope

mikroskop

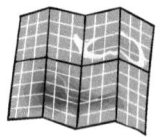

la carte

xəritə

la corbeille à papier

zibil qutusu

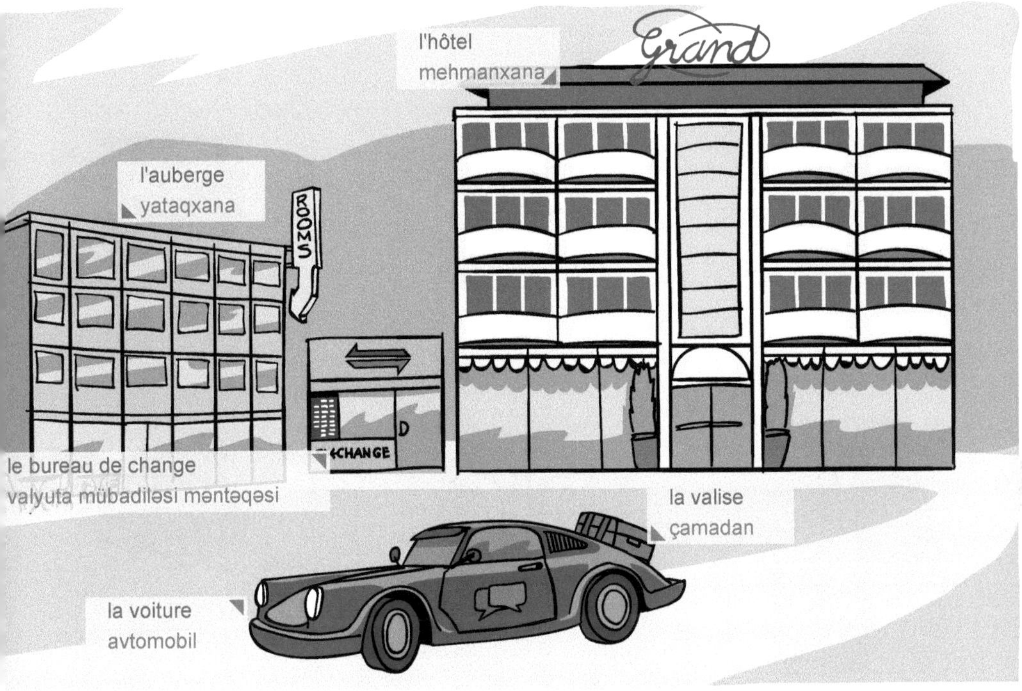

l'hôtel
mehmanxana
Grand
l'auberge
yataqxana
ROOMS
le bureau de change
valyuta mübadiləsi məntəqəsi
CHANGE
la valise
çamadan
la voiture
avtomobil

la langue

dil

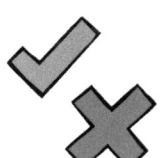

oui / non

bəli/xeyr

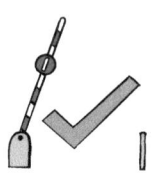

d'accord

oldu

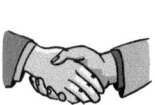

Salut

salam

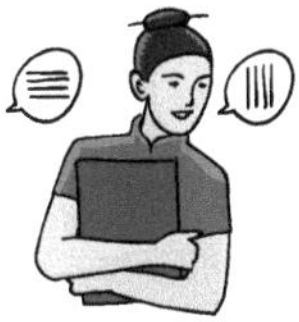

l'interprète

tərcüməçi

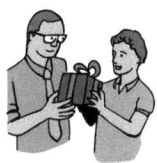

merci

Təşəkkür edirəm

Combien coûte...?

giyməti nə qədərdir ...?

Je ne comprends pas

mən başa düşmürəm

le problème

problem

Bonsoir !

Axşamınız xeyir!

Bonjour !

Sabahınız xeyir!

Bonne nuit !

Gecəniz xeyrə galsin!

Au revoir

hələlik

la direction

istiqamət

les bagages

baqaj

le sac

torba

le sac-à-dos

kürək çantası

l'hôte

qonaq

la pièce

otaq

le sac de couchage

yataq-çuval

la tente

çadır

l'office de tourisme

turistlər üçün məlumat

la plage

çimərlik

la carte de crédit

kredit kartı

le petit-déjeuner

səhər yeməyi

le déjeuner

günorta yeməyi

le dîner

nahar yeməyi

le billet

bilet

l'ascenseur

lift

le timbre

poçt markası

la frontière

sərhəd

la douane

gömrük

l'ambassade

səfirlik

le visa

viza

le passeport

pasport

le transport
nəqliyyat

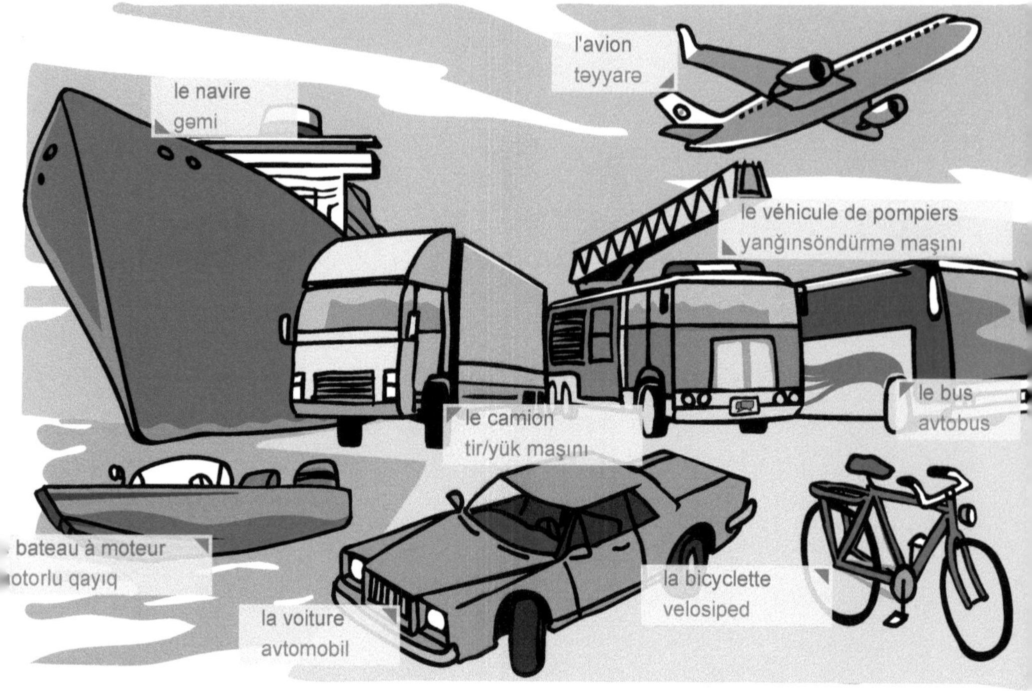

l'avion
təyyarə
le navire
gəmi
le véhicule de pompiers
yanğınsöndürmə maşını
le bus
avtobus
le camion
tir/yük maşını
bateau à moteur
otorlu qayıq
la bicyclette
velosiped
la voiture
avtomobil

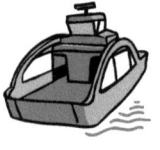

le ferry

bərə

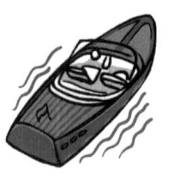

la barque

qayıq

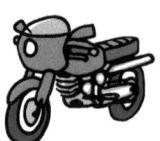

la moto

motosiklet

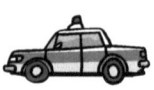

la voiture de police

polis avtomobili

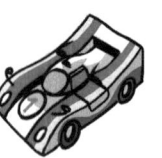

la voiture de course

yarış avtomobili

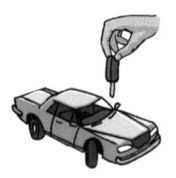

la voiture de location

icarə avtomobili

l'auto-partage

avtomobil icarəsi

la voiture de remorquage

texniki yardım maşını

la benne à ordures

zibil maşını

le moteur

mühərrik

l'essence

yanacaq

la station d'essence

benzin doldurma məntəqəsi

le panneau indicateur

yol nişanı

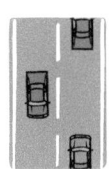

le trafic

yol hərəkəti

l'embouteillage

tıxac

le parking

avtomobil dayanacağı

la gare

dəmir yolu stansiyası

les rails

dəmiryol

le train

qatar

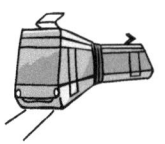

le tramway

tramvay

le wagon

vaqon

l'hélicoptère

helikopter

l'aéroport

hava limanı

la tour

qüllə

le passager

sərnişin

le conteneur

konteyner

le carton

karton qutu

le chariot

əl arabası

la corbeille

səbət

décoller / atterrir

qalxmaq / enmək

la ville

şəhər

le village

kənd

le centre-ville

şəhər mərkəzi

la maison

ev

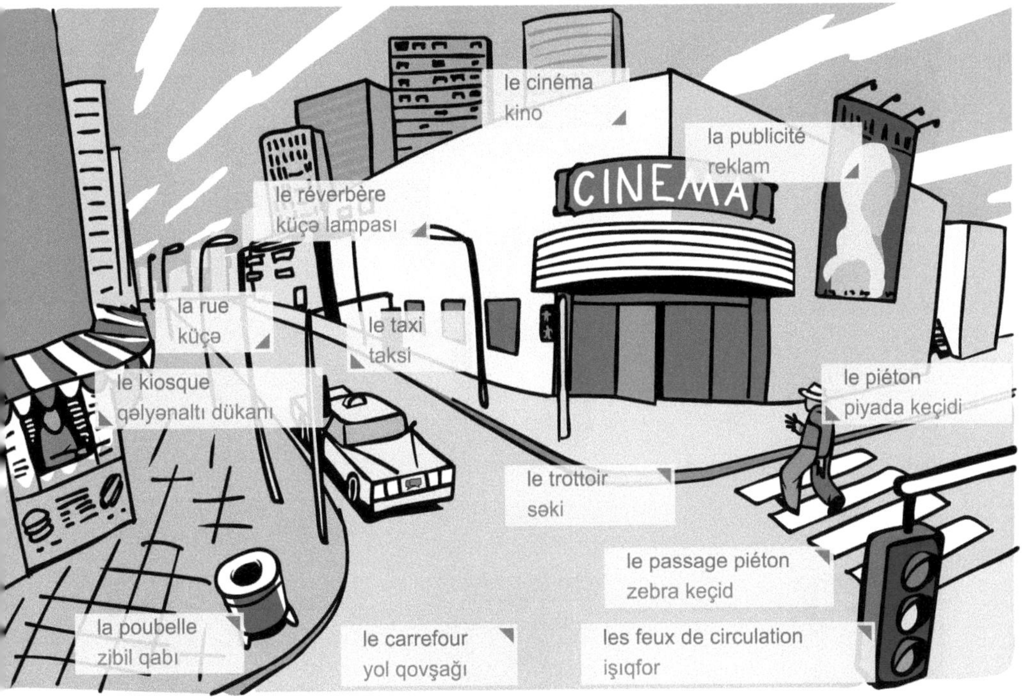

le cinéma
kino

la publicité
reklam

le réverbère
küçə lampası

la rue
küçə

le taxi
taksi

le kiosque
qəlyənaltı dükanı

le piéton
piyada keçidi

le trottoir
səki

le passage piéton
zebra keçid

la poubelle
zibil qabı

le carrefour
yol qovşağı

les feux de circulation
işıqfor

CINEMA

la cabane

daxma

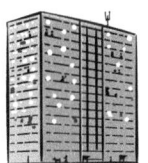

l'appartement

mənzil

la gare

dəmir yolu stansiyası

la mairie

bələdiyyə binası

le musée

muzey

l'école

məktəb

la ville - şəhər

l'université

universitet

la banque

bank

l'hôpital

xəstəxana

l'hôtel

mehmanxana

la pharmacie

aptek

le bureau

ofis

la librairie

kitab dükkanı

le magasin

dükan

le fleuriste

çiçək dükanı

le supermarché

supermarket

le marché

bazar

le grand magasin

univermaq

la poissonnerie

balıq satıcısı

le centre commercial

ticarət mərkəzi

le port

liman

le parc
park

la banque
oturacaq

le pont
körpü

les escaliers
pilləkən

le métro
metro

le tunnel
tunel

l'arrêt de bus
avtobus dayanacağı

le bar
bar

le restaurant
restoran

la boîte à lettres
poçt qutusu

le panneau indicateur
küçə nişanı

le parcmètre
parkinq sayğacı

le zoo
zoopark

le réverbère
üzgüçülük hovuzu

la mosquée
məscid

la ville - şəhər

la ferme

ferma

la pollution

ətraf mühitin çirklənməsi

la cimetière

məzarlıq

l'église

kilsə

l'aire de jeux

oyun meydançası

le temple

məbəd

le paysage

mənzərə

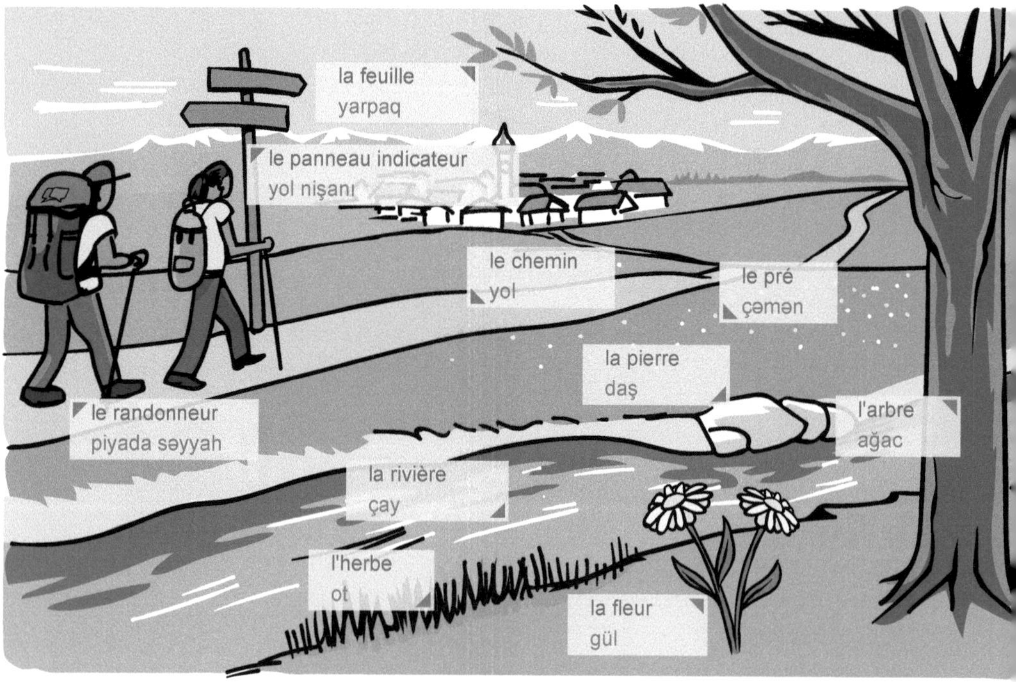

la feuille
yarpaq

le panneau indicateur
yol nişanı

le chemin
yol

le pré
çəmən

la pierre
daş

le randonneur
piyada səyyah

l'arbre
ağac

la rivière
çay

l'herbe
ot

la fleur
gül

la vallée
vadi

la montagne
təpə

le lac
göl

la forêt
meşə

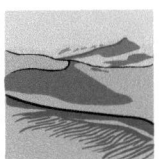

le désert
səhra

le volcan
vulkan

le château
qəsr

l'arc-en-ciel
göy qurşağı

le champignon
göbələk

le palmier
palma

le moustique
ağcaqanad

la mouche
milçək

les fourmis
qarışqa

l'abeille
arı

l'araignée
hörümçək

le coléoptère

böcək

la grenouille

qurbağa

l'écureuil

dələ

le hérisson

kirpi

le lièvre

dovşan

la chouette

bayquş

l'oiseau

quş

le cygne

qu quşu

le sanglier

qaban

le cerf

maral

l'élan

sığın

le barrage

su bəndi

l'éolienne

külək turbini

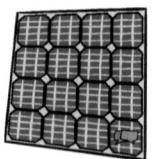

le panneau solaire

günəş batareyası

le climat

iqlim

le paysage - mənzərə

le restaurant
restoran

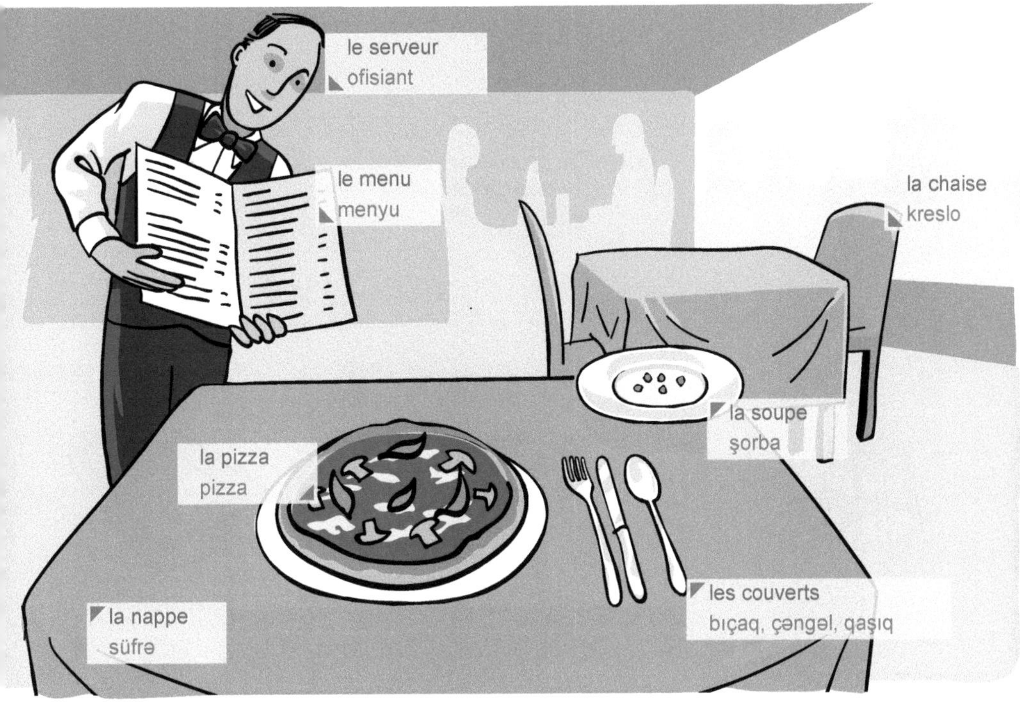
le serveur
ofisiant
le menu
menyu
la chaise
kreslo
la soupe
şorba
la pizza
pizza
la nappe
süfrə
les couverts
bıçaq, çəngəl, qaşıq

les hors d'œuvre

mezə

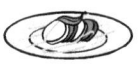

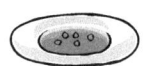

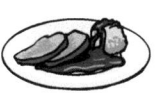

le plat principal

əsas yemək

le dessert

desert

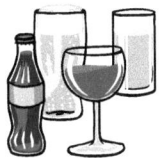

les boissons

içkilər

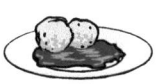

l'alimentation

yemək

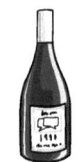

la bouteille

şüşə

le fast-food

fast food

les plats à emporter

küçə yeməkləri

la théière

çaynik

le sucrier

qəndqabı

la portion

pay

la machine à expresso

espresso maşını

la chaise haute

hündür uşaq kreslosu

la facture

faktura

le plateau

nimçə

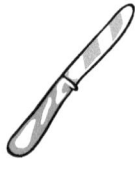

le couteau

bıçaq

la fourchette

çəngəl

la cuillère

qaşıq

la cuillère à thé

çay qaşığı

la serviette

salfet

le verre

şüşə

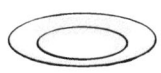

l'assiette
boşqab

l'assiette à soupe
şorba boşqabı

la soucoupe
nəlbəki

la sauce
sous

la salière
duz qabı

le moulin à poivre
bibərüyüdən

le vinaigre
sirkə

l'huile
duru yağ

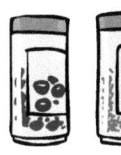

les épices
ədviyyat

le ketchup
ketçup

la moutarde
xardal

la mayonnaise
mayonez

le supermarché
supermarket

l'offre promotionnelle
xüsusi təklif
FOR
le client
müştəri
les produits laitiers
süd məhsulları
les fruits
meyvə
le chariot
alış-veriş arabası

BUTCHERS

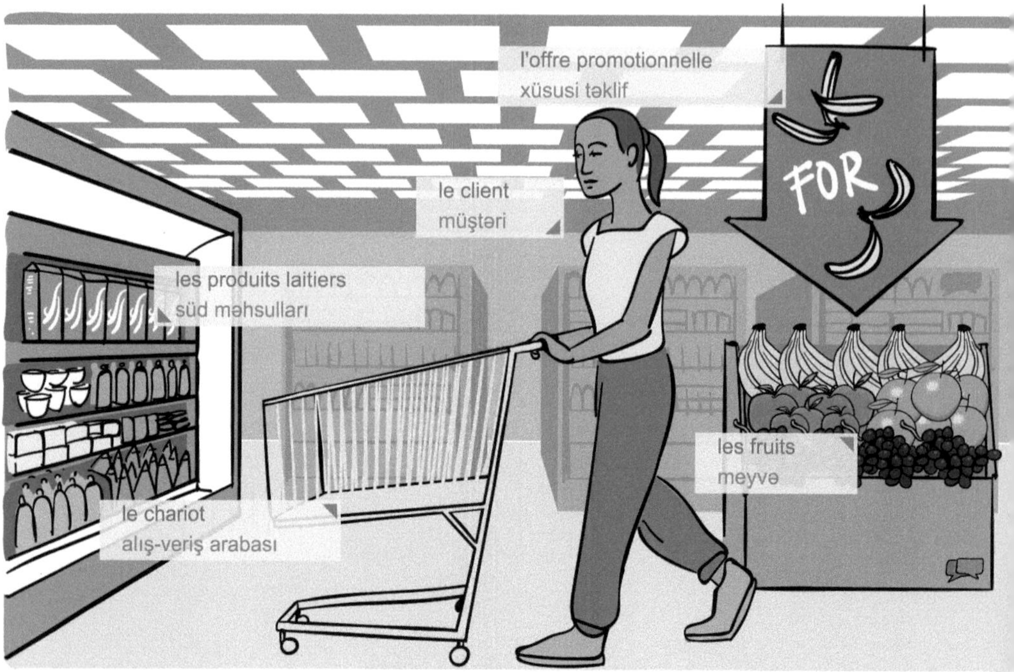

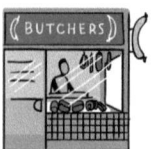

la boucherie

qəssab dükanı

BAKERY

la boulangerie

çörəkçi

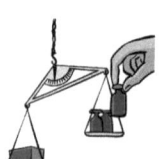

peser

çəkmək

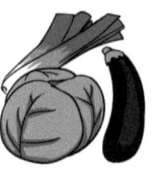

les légumes

tərəvəz

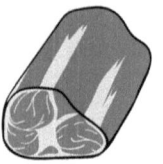

la viande

ət

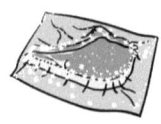

les aliments surgelés

dondurulmuş qida

la charcuterie

soyuq ət yeməyi

les conserves

konservləşdirilmiş qida

la poudre à lessive

yuyucu toz

les bonbons

şirniyyat

les articles ménagers

təsərrüfat malları

les détergents

yuyucu vasitələr

la vendeuse

satıcı

la caisse

kassa

le caissier

kassir

la liste d'achats

alış-veriş siyahısı

les heures d'ouverture

iş saatları

le portefeuille

pul kisəsi

la carte de crédit

kredit kartı

le sac

torba

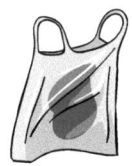

le sac en plastique

plastik torba

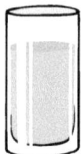

l'eau

su

le jus de fruit

şirə

le lait

süd

le coca

cola

le vin

şərab

la bière

pivə

l'alcool

alkoqollu içkilər

le chocolat chaud

kakao

le thé

çay

le café

qəhvə

l'expresso

espresso

le cappuccino

kapuçino

la banane

banan

la pomme

alma

l'orange

portağal

le melon

yemiş

le citron.

limon

la carotte

yerkökü

l'ail

sarımsaq

le bambou

bambuq

l'oignon

soğan

le champignon

göbələk

les noisettes

qoz-fındıq

les pâtes

əriştə

les spaghetti

spagetti

le riz

düyü

la salade

salat

les pommes frites

cips

les pommes de terre rôties

qızardılmış kartof

la pizza

pizza

le hamburger

hamburger

le sandwich

sandviç

l'escalope

eskalop

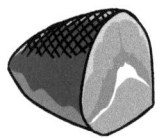

le jambon

hisə verilmiş donuz əti

le salami

salyami

la saucisse

kolbasa

le poulet

toyuq

le rôti

qızardılmış ət tikəsi

le poisson

balıq

les flocons d'avoine

yulaf yarması

le muesli

müsli

les cornflakes

partlaq qarğıdalı

la farine

un

le croissant

kruassan

les petits-pains

bulka

le pain

çörək

le pain grillé

tost

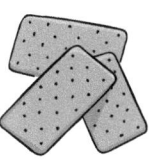

les biscuits

peçenye

le beurre

kərə yağı

le fromage blanc

kəsmik

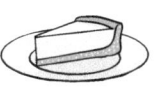

le gâteau

tort

l'œuf

yumurta

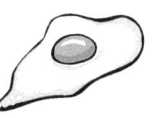

l'œuf au plat

qayğanaq

le fromage

pendir

l'alimentation - yemək

la glace

dondurma

le sucre

şəkər

le miel

bal

la confiture

mürəbbə

la crème nougat

şokolad pastası

le curry

köri

la ferme
ferma

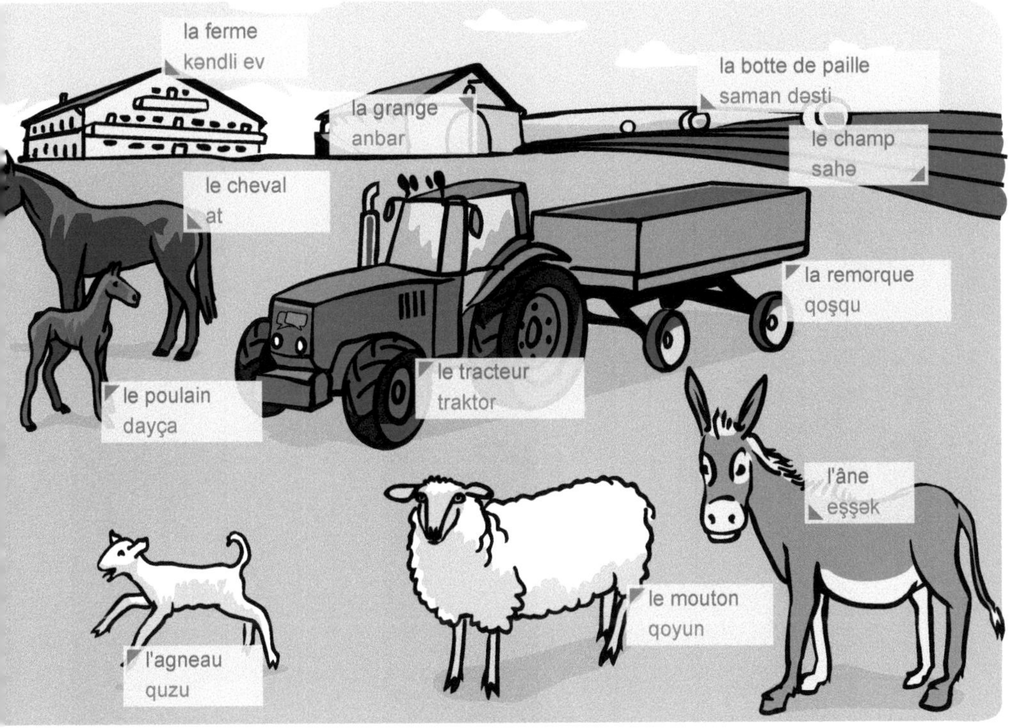
la ferme
kəndli ev
la grange
anbar
la botte de paille
saman dəsti
le champ
sahə
le cheval
at
la remorque
qoşqu
le tracteur
traktor
le poulain
dayça
l'âne
eşşək
le mouton
qoyun
l'agneau
quzu

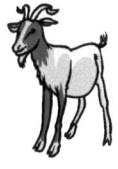

la chèvre

keçi

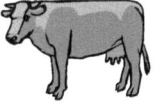

la vache

inək

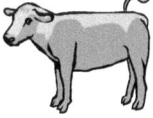

le veau

dana

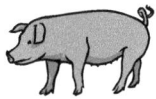

le porc

donuz

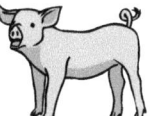

le porcelet

donuz balası

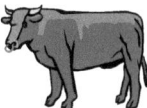

le taureau

öküz

l'oie

qaz

le canard

ördək

le poussin

cücə

la poule

toyuq

le coq

xoruz

le rat

siçovul

le chat

pişik

la souris

siçan

le bœuf

öküz

le chien

it

le chenil

itdamı

le tuyau de jardin

bağ şlanqı

l'arrosoir

susəpən

la faucheuse

dəryaz

la charrue

kotan

la faucille
oraq

la pioche
kətman

la fourche
yaba

la hache
balta

la brouette
əl arabası

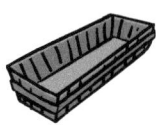

la cuve
çalov

le pot à lait
süd bidonu

le sac
çuval

la clôture
çəpər

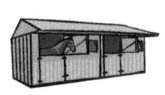

l'étable
tövlə

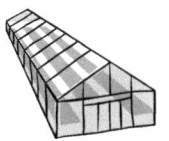

le serre
istixana

le sol
torpaq

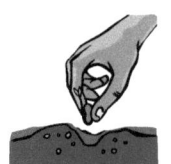

les semences
toxum

l'engrais
gübrə

la moissonneuse-batteuse
taxılbiçən kombayn

récolter

məhsul yığmaq

la récolte

məhsul yığımı

l'igname

yam

le blé

buğda

le soja

soya

la pomme de terre

kartof

le maïs

dən

le colza

raps

l'arbre fruitier

meyvə ağacı

le manioc

maniok

les céréales

yarma

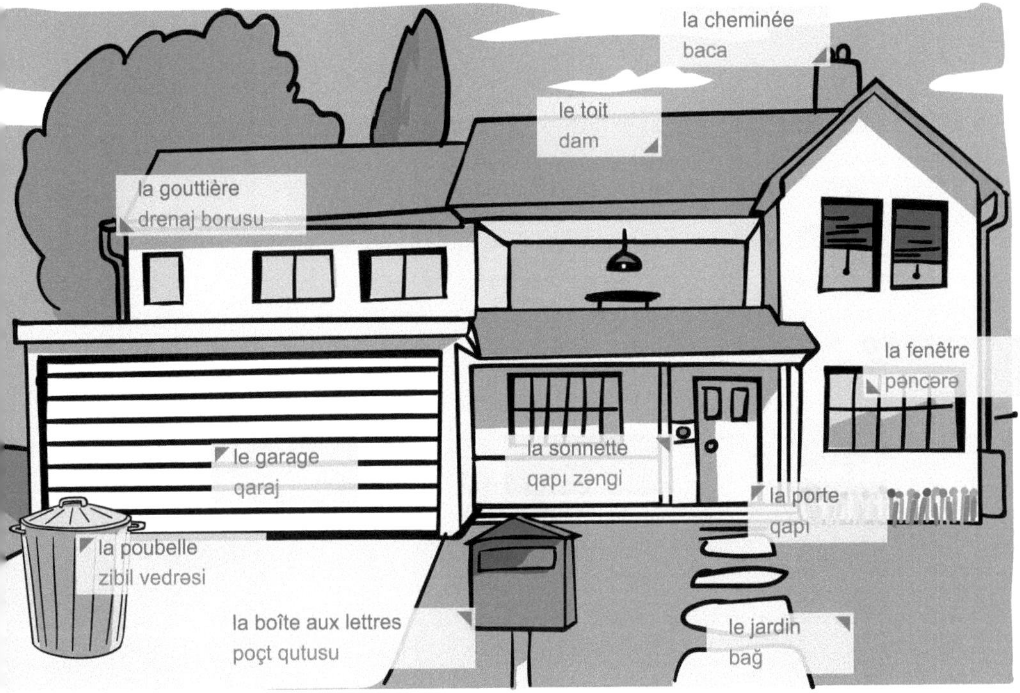

la cheminée
baca

le toit
dam

la gouttière
drenaj borusu

la fenêtre
pəncərə

le garage
qaraj

la sonnette
qapı zəngi

la porte
qapı

la poubelle
zibil vedrəsi

la boîte aux lettres
poçt qutusu

le jardin
bağ

le salon

qonaq otağı

la salle de bain

hamam otağı

la cuisine

mətbəx

la chambre à coucher

yataq otağı

la chambre d'enfant

uşaq otaqı

la salle à manger

yemək otağı

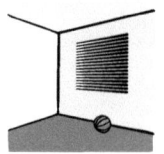

le sol

döşəmə

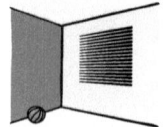

le mur

divar

le plafond

tavan

la cave

zirzəmi

le sauna

sauna

le balcon

balkon

la terrasse

terras

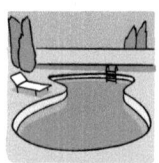

la piscine

üzgüçülük hovuzu

la tondeuse à gazon

otbiçən maşın

la housse

mələfə

la couette

yataq örtüyü

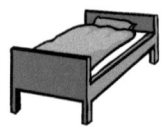

le lit

yataq

le balai

süpürgə

le sceau

vedrə

l'interrupteur

elektrik açarı

le salon
qonaq otağı

le papier peint
divar kağızı
l'image
şəkil
la lampe
lampa
l'étagère
rəf
l'armoire
şkaf
la télé
televiziya
la cheminée
buxarı
la fleur
gül
le coussin
yastıq
le sofa
divan
le vase
vaza
la télécommande
uzaqdan idarəetmə

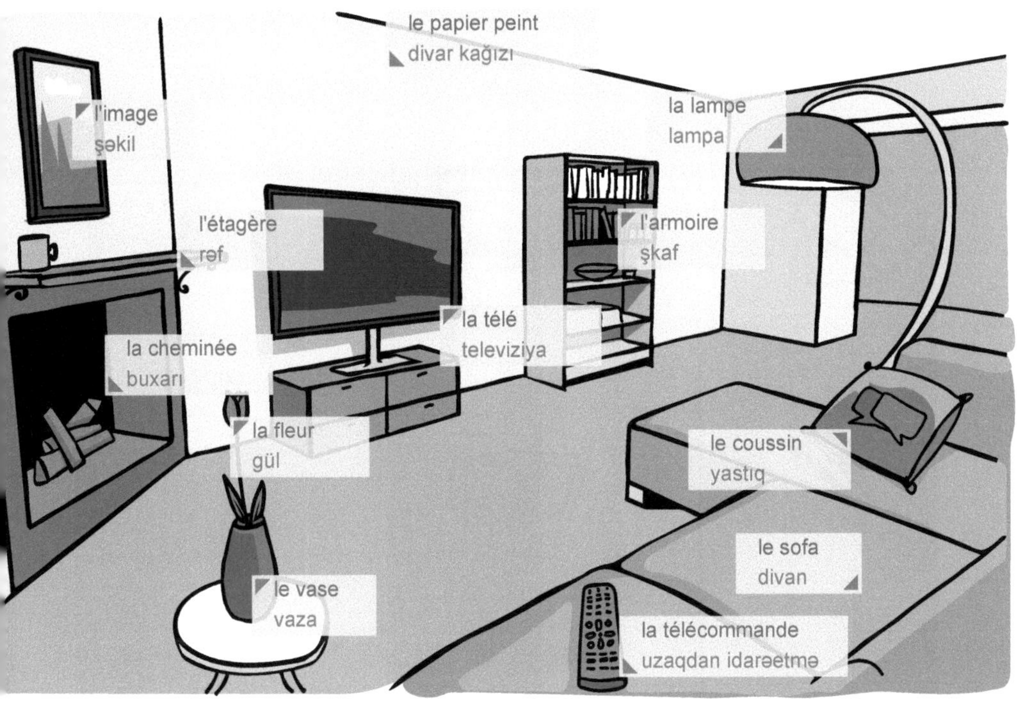

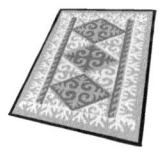

le tapis

xalça

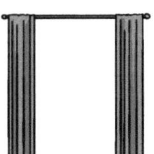

le rideau

pərdə

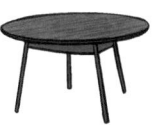

la table

masa

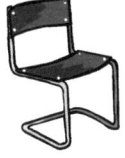

la chaise

kreslo

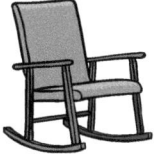

la chaise à bascule

yırğalanan stul

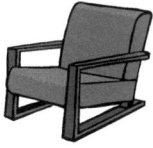

le fauteuil

kreslo

le livre

kitab

la couverture

yorğan

la décoration

bəzək

le bois de chauffage

odun

le film

film

la chaîne hi-fi

stereo səs sistemi

la clé

açar

le journal

qəzet

la peinture

rəsm əsəri

le poster

plakat

la radio

radio

le bloc-notes

bloknot

l'aspirateur

tozsoran

le cactus

kaktus

la bougie

şam

la cuisine
mətbəx

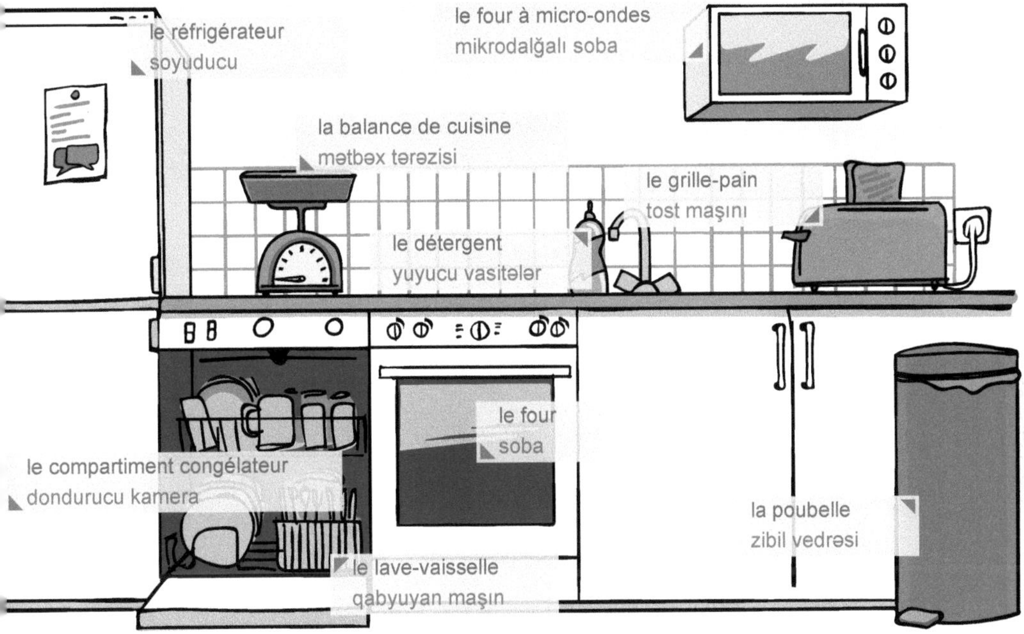

le réfrigérateur
soyuducu
le four à micro-ondes
mikrodalğalı soba
la balance de cuisine
mətbəx tərəzisi
le grille-pain
tost maşını
le détergent
yuyucu vasitələr
le four
soba
le compartiment congélateur
dondurucu kamera
la poubelle
zibil vedrəsi
le lave-vaisselle
qabyuyan maşın

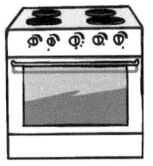

le four
soba

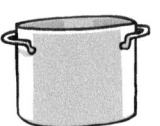

la casserole
qazan

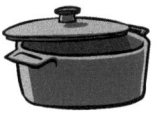

la marmite
çuqun qazan

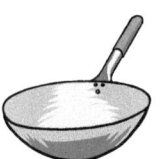

le wok / kadai
vok / kadai

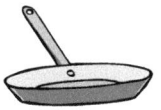

la poêle
tava

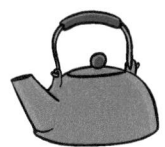

la bouilloire electrique
çaydan

le cuiseur vapeur

buxar qazanı

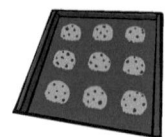

la plaque de cuisson

sac

la vaisselle

qab

le gobelet

fincan

la coupe

ləyən

les baguettes

yemək üçün çubuqlar

la louche

çömçə

la spatule

spatula

le fouet

çırpıcı

la passoire

süzgəc

le tamis

ələk

la râpe

sürtgəc

le mortier

həvəngdəstə

le barbecue

barbekyu

la cheminée

ocaq

la planche à découper

doğrama taxtası

le rouleau à pâtisserie

oxlov

le tire-bouchon

probkaçıxaran

la boîte

banka

l'ouvre-boîte

bankaağzıaçan

les maniques

qabtutan

le lavabo

əl üz yuyan

la brosse

fırça

l'éponge

süngər

le mixeur

blender

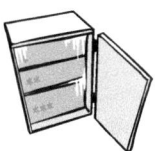

le congélateur

dondurucu

le biberon

körpə şüşəsi

le robinet

kran

la salle de bain
hamam otağı

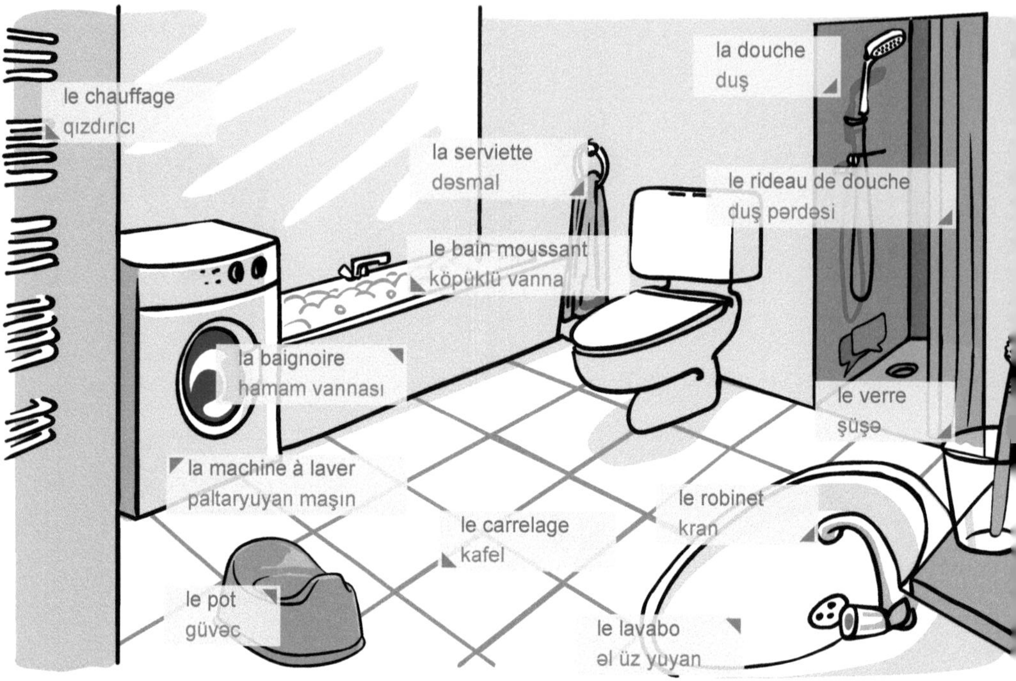

la douche
duş
le chauffage
qızdırıcı
la serviette
dəsmal
le rideau de douche
duş pərdəsi
le bain moussant
köpüklü vanna
la baignoire
hamam vannası
le verre
şüşə
la machine à laver
paltaryuyan maşın
le robinet
kran
le carrelage
kafel
le pot
güvəc
le lavabo
əl üz yuyan

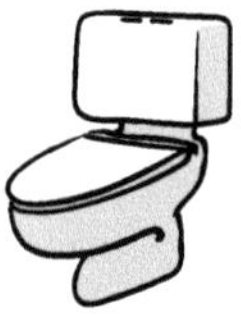
les toilettes

tualet

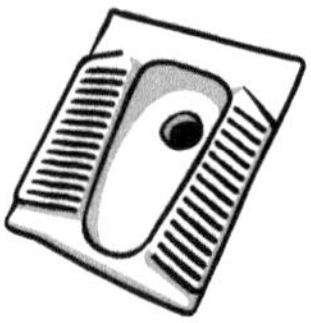
la toilette à la turque

çömbəlmə tualet

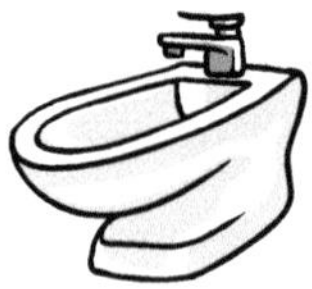
le bidet

bide

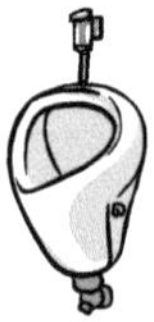
l'urinoir

urinal

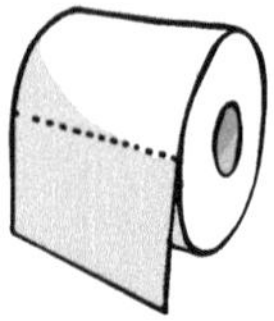
le papier toilette

tualet kağızı

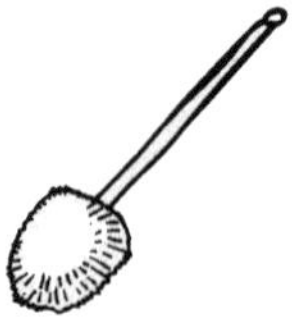
la brosse à toilette

tualet fırçası

la brosse à dents

diş fırçası

le dentifrice

diş pastası

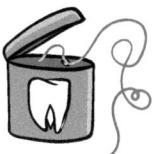

le fil dentaire

diş ipi

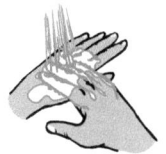

laver

yumaq

la douche manuelle

əl duşu

la douche intime

intim duş

la vasque

taz

la brosse dorsale

bel fırçası

le savon

sabun

le gel douche

duş üçün gel

le shampooing

şampun

le gant de toilette

əsgi

l'écoulement

drenaj

la crème

krem

le déodorant

dezodorant

le miroir

güzgü

le miroir cosmétique

əl güzgüsü

le rasoir

ülgüc

la mousse à raser

üz qırxmaq üçün köpük

l'après-rasage

təraşdan sonra su

la peigne

daraq

la brosse

fırça

le sèche-cheveux

fen

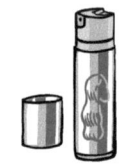

la laque pour cheveux

saç spreyi

le fond de teint

makiyaj

le rouge à lèvres

dodaq boyası

le vernis à ongles

dırnaq lakı

l'ouate

pambıq

le coupe-ongles

dırnaq qayçısı

le parfum

ətir

la trousse de toilette

gigiyenik torba

le tabouret

kətil

le pèse-personne

tərəzi

le peignoir

hamam xalatı

les gants de nettoyage

rezin əlcək

le tampon

tampon

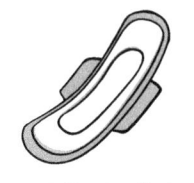

es serviettes hygiéniques

gigiyenik salfet

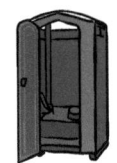

la toilette chimique

kimyəvi tualet

la chambre d'enfant
uşaq otaqı

le réveil
zəngli saat
le doudou
yumşaq oyuncaq
la voiture jouet
oyuncaq avtomobil
le hochet
cingilti
la maison de poupée
kukla evciyi
le cadeau
hədiyyə

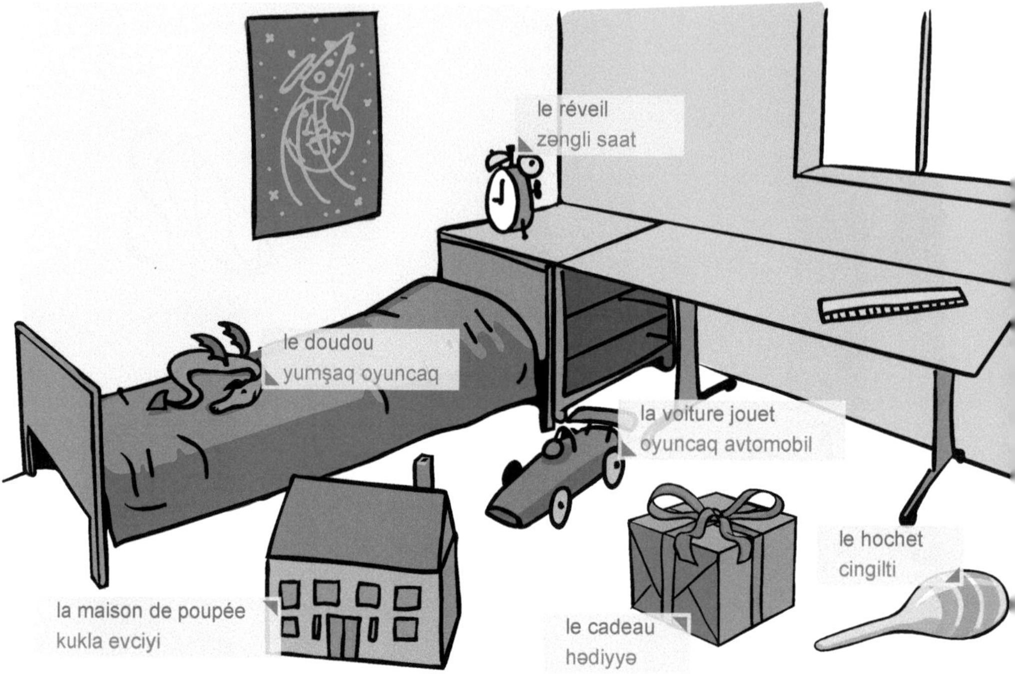

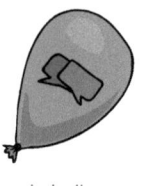

le ballon

balon

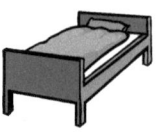

le lit

yataq

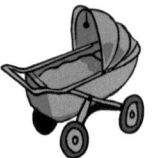

la poussette

uşaq arabası

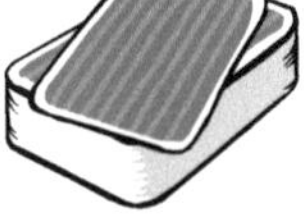

le jeu de cartes

kart dəsti

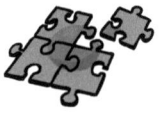

le puzzle

elektrik mişarı

SUPER
MEGA

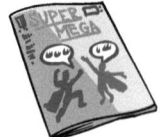

la bande dessinée

komik

les pièces lego

leqo kərpici

les blocs de construction

konstruktor blokları

la figurine

oyuncaq-personaj

la grenouillère

yeni doğulmuş körpələr üçün geyimi

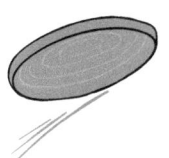

le frisbee

frisbi

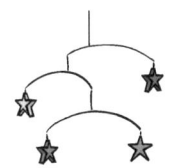

le mobile

yataq üstünə asılan körpə oyuncağı

le jeu de société

masaüstü oyun

le dé

zər

le train miniature

oyuncaq qatar

la sucette

emzik

la fête

qonaqlıq

le livre d'images

rəsmli kitab

la balle

top

la poupée

kukla

jouer

oynamaq

le bac à sable

qum qutusu

la balançoire

yelləncək

les jouets

oyuncaqlar

la console de jeu

video oyun konsolu

le tricycle

üç təkərli velosiped

l'ours en peluche

plüşdən hazırlanmış
oyuncaq ayı

l'armoire

şkaf

les vêtements

geyim

les chaussettes

corab

les bas

corab

le collant

kalqotka

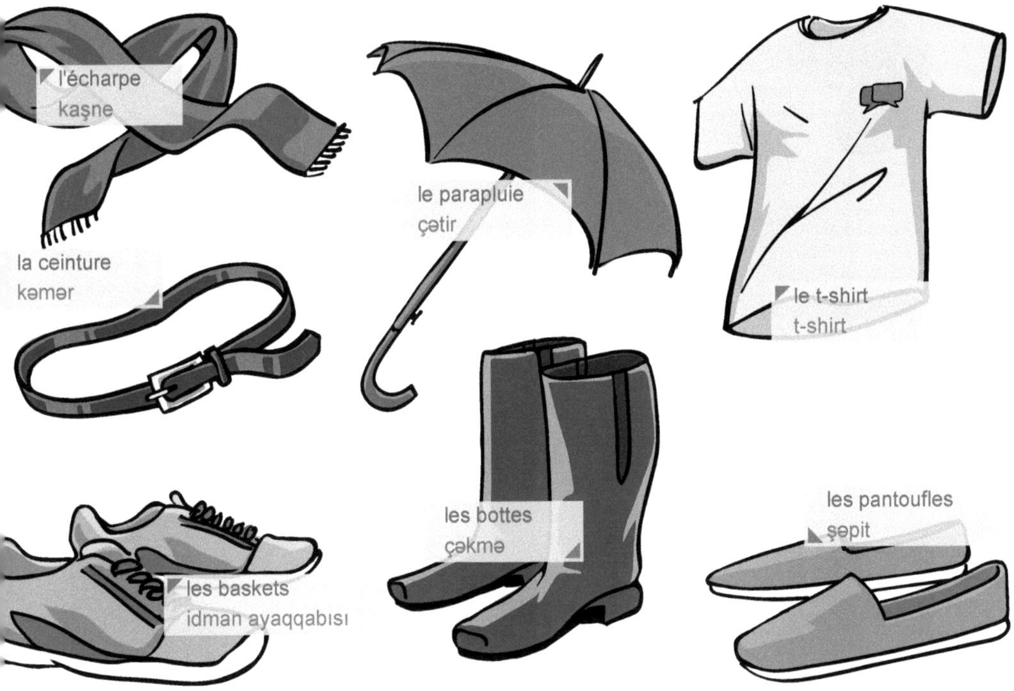

l'écharpe
kaşne

la ceinture
kəmər

le parapluie
çətir

le t-shirt
t-shirt

les baskets
idman ayaqqabısı

les bottes
çəkmə

les pantoufles
şəpit

les sandales
sandallar

les chaussures
ayaqqabı

les bottes de caoutchouc
rezin çəkmələr

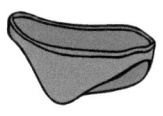

les sous-vêtements
dizlik

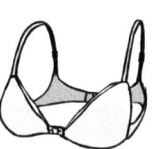

le soutien-gorge
lifçik

le maillot de corps
alt köynəyi

les vêtements - geyim

le body

alt paltarı

le pantalon

şalvar

le jean

cins

la jupe

yubka

le chemisier

bluza

la chemise

köynək

le pull

sviter

le sweat à capuche

başlıqlı idman gödəkçəsi

la veste

gödəkçə

la veste

gödəkcə

le manteau

pencək

l'imperméable

plaş

le costume

kostyum

la robe

paltar

la robe de mariée

gəlin paltarı

les vêtements - geyim

le costume

kostyum

la chemise de nuit

gecə köynəyi

le pyjama

pijama

le sari

sari

le foulard

hicab / eşarp

le turban

çalma

la burqa

burka

le caftan

kaftan

l'abaya

abaya

le maillot de bain

çimərlik geyimi

le maillot de bain

tumuş

le short

şort

la tenue d'entraînement

məşq kostyumu

le tablier

önlük

les gants

əlcək

le bouton

düymə

les lunettes

eynək

le bracelet

bilərzik

le collier

boyunbağı

la bague

üzük

la boucle d'oreille

sırğa

le bonnet

papaq

le cintre

asılqan

le chapeau

papaq

la cravate

qalstuk

la fermeture éclair

zəncirbənd

le casque

dəbilqə

les bretelles

aşırma

l'uniforme scolaire

məktəb uniforması

l'uniforme

uniforma

le bavoir

döşlük

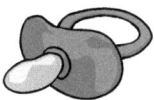

la sucette

emzik

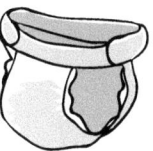

la lange

körpə bezi

le bureau
ofis

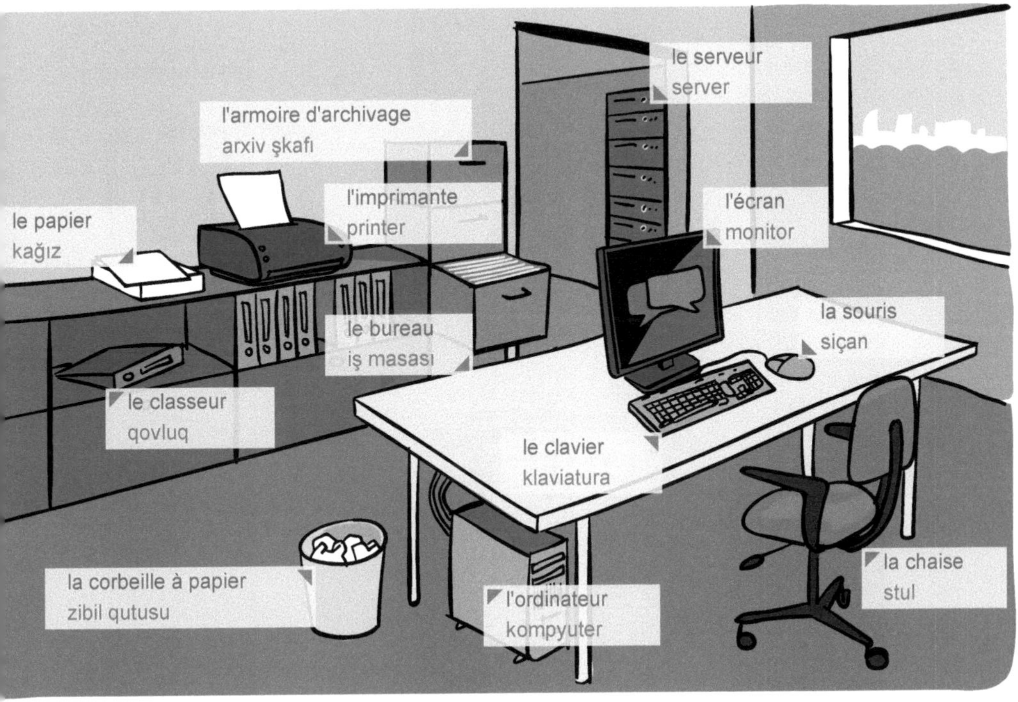

l'armoire d'archivage
arxiv şkafı

le serveur
server

l'imprimante
printer

l'écran
monitor

le papier
kağız

le bureau
iş masası

la souris
siçan

le classeur
qovluq

le clavier
klaviatura

la corbeille à papier
zibil qutusu

l'ordinateur
kompyuter

la chaise
stul

la tasse de café

qəhvə fincanı

la calculatrice

kalkulyator

l'internet

internet

l'ordinateur portable
....
laptop

la lettre
....
məktub

le message
....
mesaj

le portable
....
mobil telefon

le réseau
....
şəbəkə

la photocopieuse
....
surətçıxaran maşın

le logiciel
....
proqram təminatı

le téléphone
....
telefon

la prise
....
ştepsel

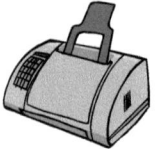

le fax
....
faks

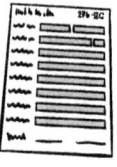

le formulaire
....
forma

le document
....
sənəd

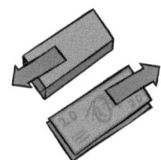

acheter

satın almaq

payer

ödəmək

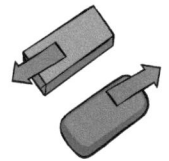

faire du commerce

alverlə məşğul olmaq

la monnaie

pul

le dollar

dollar

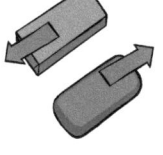

l'euro

avro

le yen

yen

le rouble

rubl

le franc suisse

frank

le renminbi yuan

renminbi yuan

la roupie

rupi

le distributeur automatique

bankomat

le bureau de change

valyuta mübadiləsi
məntəqəsi

l'or

qızıl

l'argent

gümüş

le pétrole

neft

l'énergie

enerji

le prix

qiymət

le contrat

müqavilə

la taxe

vergi

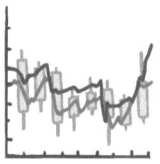

l'action

səhm

travailler

işləmək

l'employé

işçi

l'employeur

işəgötürən

l'usine

fabrik

le magasin

dükan

l'économie - iqtisadiyyat

l'agent de police
polis əməkdaşı

le pompier
yanğınsöndürən

le cuisinier
aşbaz

le médecin
həkim

le pilote
pilot

le jardinier

bağban

le menuisier

dülgər

la couturière

dərzi

le juge

hakim

le chimiste

kimyaçı

l'acteur

aktyor

le conducteur de bus

avtobus sürücüsü

le chauffeur de taxi

taksi sürücüsü

le pêcheur

balıqçı

la femme de ménage

xadimə

le couvreur

dam işçisi

le serveur

ofisiant

le chasseur

ovçu

le peintre

rəssam

le boulanger

çörəkçi

l'électricien

elektrik ustası

l'ouvrier

inşaat işçisi

l'ingénieur

mühəndis

le boucher

qəssab

le plombier

santexnik

le facteur

poçtalyon

les professions - peşə

le soldat
əsgər

l'architecte
memar

le caissier
kassir

le fleuriste
gül-çiçək satıcısı

le coiffeur
bərbər

le contrôleur
konduktor

le mécanicien
mexanik

le capitaine
kapitan

le dentiste
diş həkimi

le scientifique
alim

le rabbin
ravvin

l'imam
imam

le moine
rahib

le prêtre
keşiş

les professions - peşə

les outils
alətlər

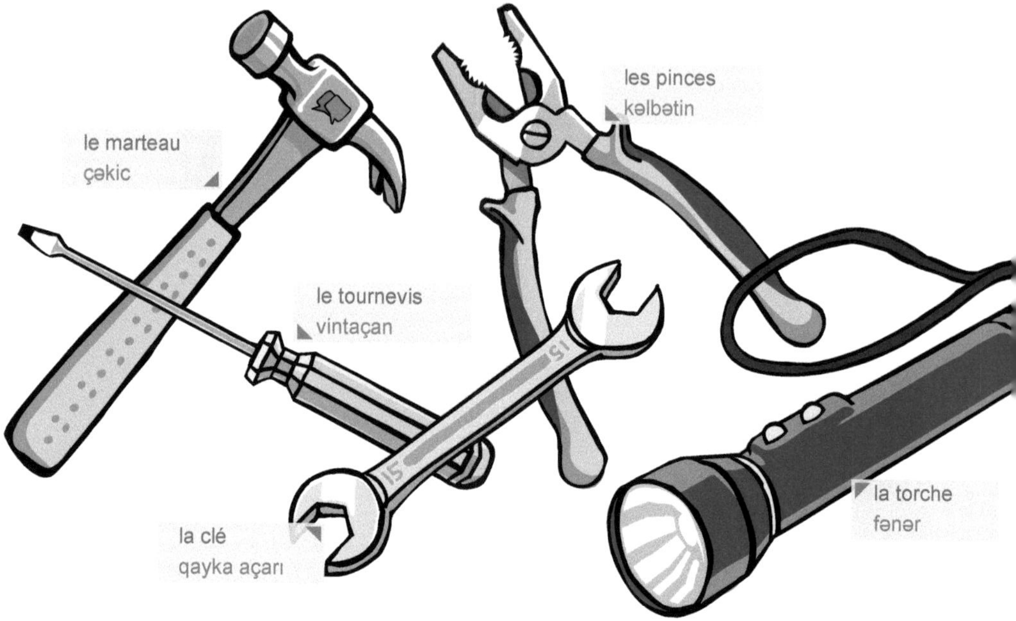
le marteau
çəkic
les pinces
kəlbətin
le tournevis
vintaçan
la torche
fənər
la clé
qayka açarı

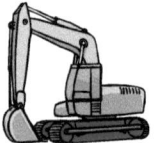

la pelleteuse

ekskavator

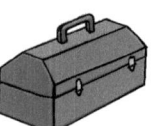

la boîte à outils

alətlər qutusu

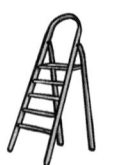

l'échelle

nərdivan

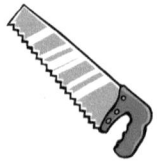

la scie

mişar

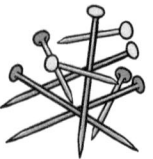

les clous

dırnaqlar

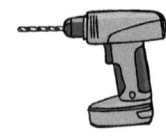

la perceuse

drel

réparer

təmir etmək

la pelle

kürək

Mince !

Lənət olsun!

la pelle

xəkəndaz

le pot de peinture

boya vedrəsi

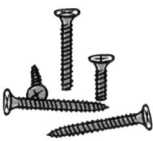

les vis

vintlər

les instruments de musique
musiqi alətləri

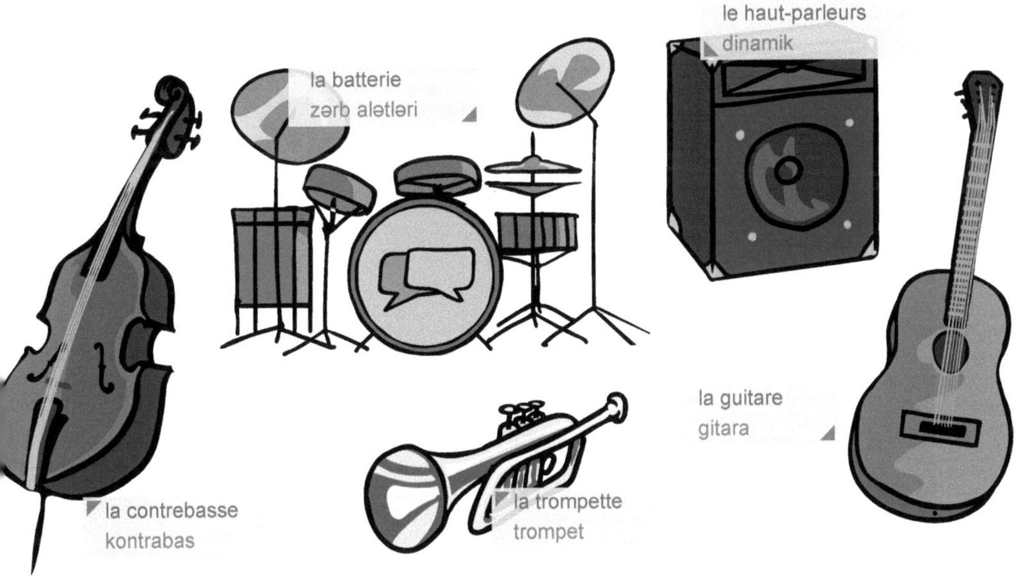

le haut-parleurs
dinamik

la batterie
zərb alətləri

la guitare
gitara

la contrebasse
kontrabas

la trompette
trompet

le piano

fortepiano

le violon

skripka

la basse

bas

les timbales

timpani

le tambour

nağara

le piano électrique

sintezator

le saxophone

saksafon

la flûte

fleyta

le microphone

mikrofon

le zoo

zoopark

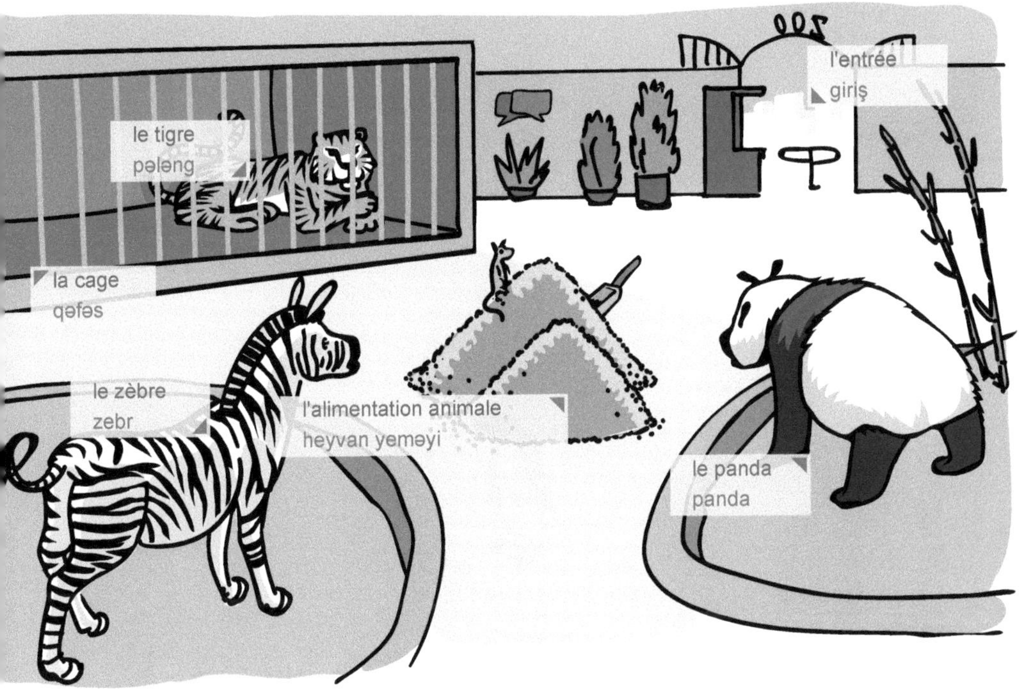
l'entrée
giriş
le tigre
pələng
la cage
qəfəs
le zèbre
zebr
l'alimentation animale
heyvan yeməyi
le panda
panda

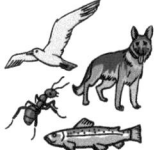

les animaux
heyvanlar

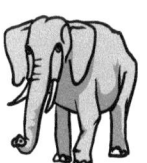

l'éléphant
fil

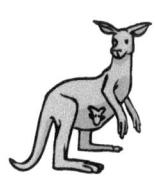

le kangourou
kenquru

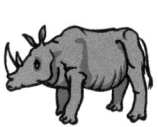

le rhinocéros
kərgədan

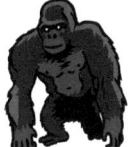

le gorille
qorilla

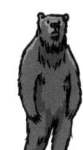

l'ours
ayı

le chameau

dəvə

l'autruche

dəvəquşu

le lion

aslan

le singe

meymun

le flamand rose

flamingo

le perroquet

tutuquşu

l'ours polaire

qütb ayısı

le pingouin

pinqvin

le requin

köpəkbalığı

le paon

tovuz

le serpent

ilan

le crocodile

timsah

le gardien de zoo

zoopark işçisi

le phoque

suiti

le jaguar

yaquar

le poney

poni

le léopard

bəbir

l'hippopotame

hippopotam

la girafe

zürafə

l'aigle

qartal

le sanglier

qaban

le poisson

balıq

la tortue

tısbağa

le morse

morj

le renard

tülkü

la gazelle

ceyran

l'american Football
amerikan futbolu

le cyclisme
velosiped sürmək

le tennis
tennis

le basket-ball
basketbol

la natation
üzgüçülük

la boxe
boks

le hockey sur glace
buz xokkeyi

le football
futbol

le badminton
badminton

l'athlétisme
yüngül atletika

le handball
həndbol

le ski
xizək

le polo
polo

les activités
fəaliyyət

sauter
tullanmaq
embrasser
qucaqlaşmaq
rire
gülmək
marcher
getmək
chanter
oxumaq
rêver
yuxu görmək
prier
dua etmək
faire la bise
öpüşmək

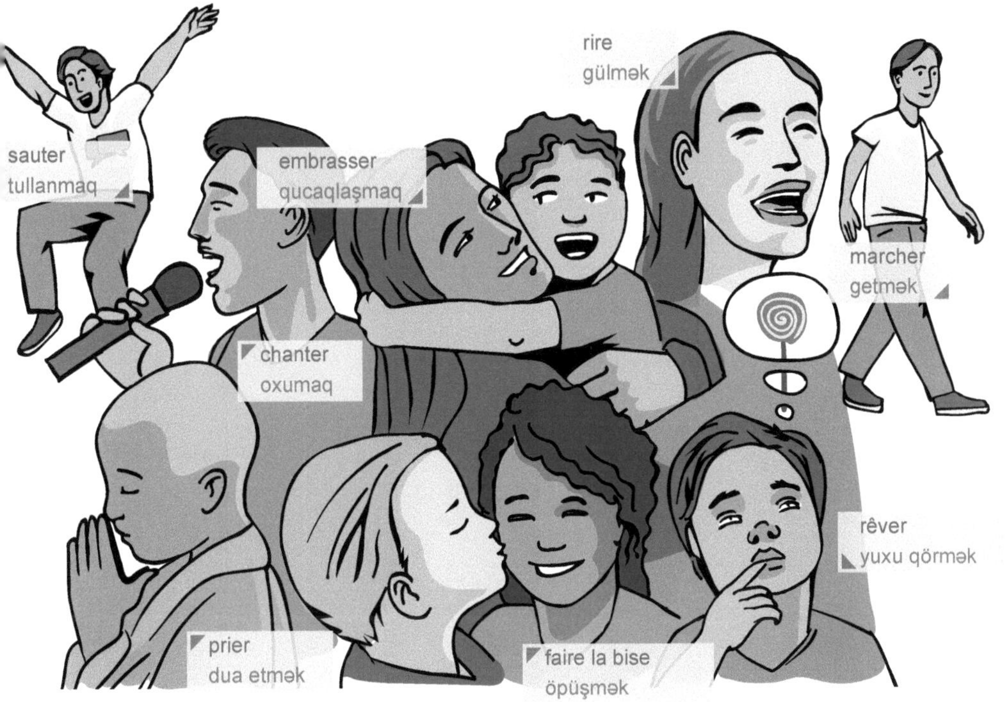

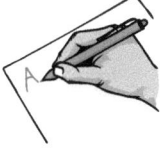

écrire
yazmaq

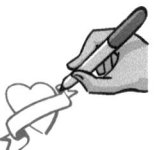

dessiner
çəkmək

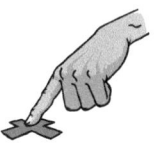

montrer
göstərmək

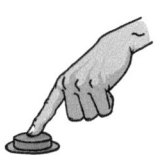

pousser
itələmək

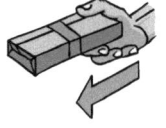

donner
vermək

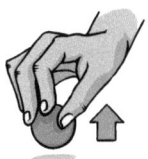

prendre
götürmək

avoir

sahibi olmaq

faire

etmək

être

olmaq

être debout

durmaq

courir

qaçmaq

trier

çəkmək

jeter

atmaq

tomber

düşmək

être couché

uzanmaq

attendre

gözləmək

porter

daşımaq

être assis

oturmaq

s'habiller

geyinmək

dormir

yatmaq

se réveiller

ayılmaq

regarder
baxmaq

pleurer
ağlamaq

caresser
sığallamaq

peigner
daramaq

parler
danışmaq

comprendre
anlamaq

demander
soruşmaq

écouter
dinləmək

boire
içmək

manger
yemək

ranger
təmizləmək

aimer
sevmək

cuire
bişirmək

conduire
sürmək

voler
uçmaq

les activités - fəaliyyət

faire de la voile

üzmək

calculer

hesablamaq

lire

oxumaq

apprendre

öyrənmək

travailler

işləmək

se marier

evlənmək

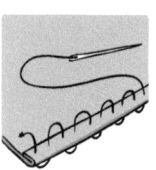

coudre

tikmək

brosser les dents

dişləri təmizləmək

tuer

öldürmək

fumer

siqaret çəkmək

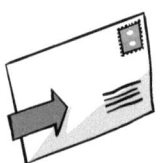

envoyer

göndərmək

la famille
ailə

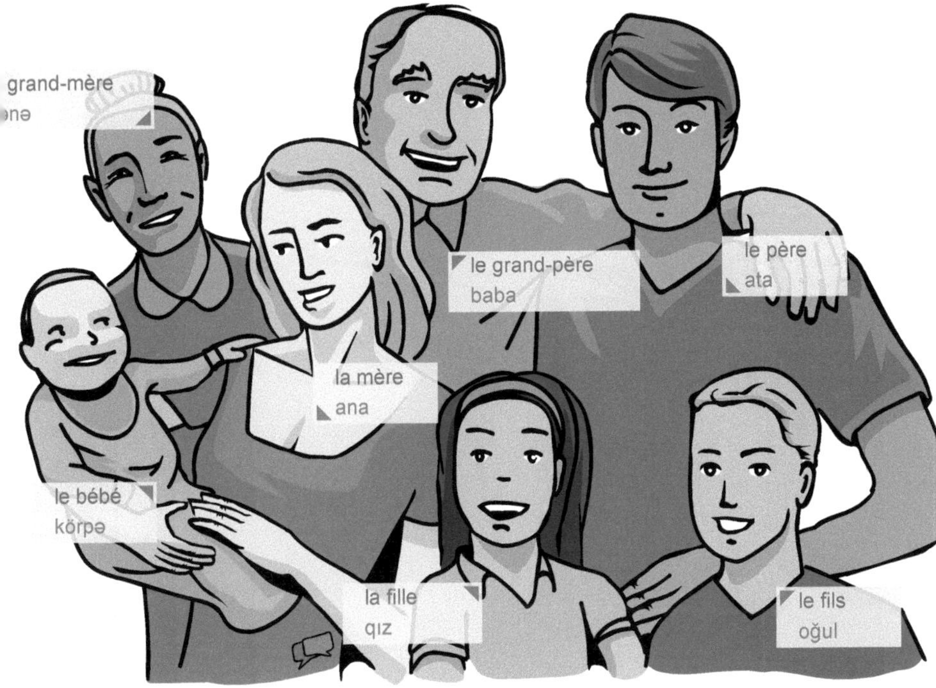
grand-mère
nə
le grand-père
baba
le père
ata
la mère
ana
le bébé
körpə
la fille
qız
le fils
oğul

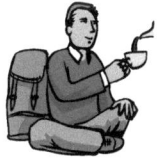

l'hôte

qonaq

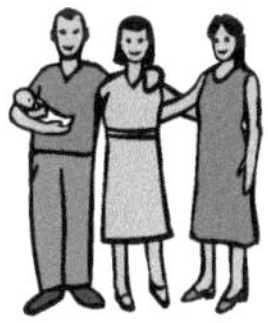

la tante

xala/bibi

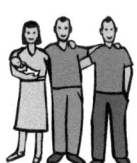

l'oncle

əmi/dayı

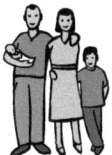

le frère

qardaş

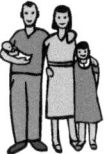

la sœur

bacı

le corps
bədən

le front
alın
l'œil
göz
l'épaule
çiyin
le doigt
barmaq
le visage
üz
le menton
buxaq
la main
əl
la jambe
ayaq
la poitrine
döş
le bras
qol

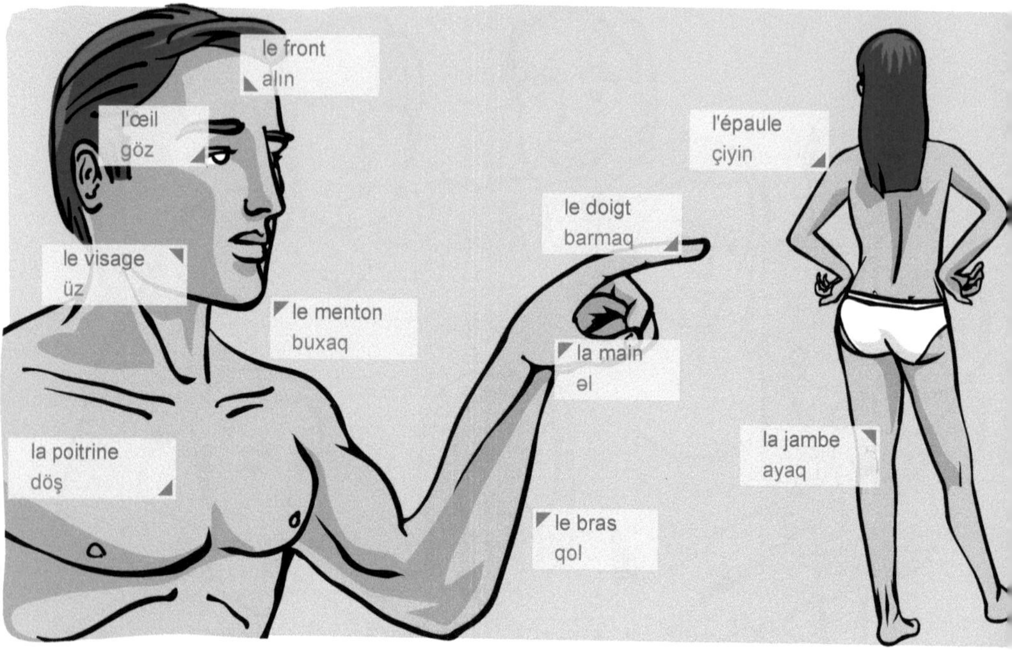

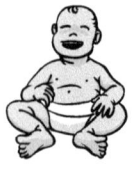

le bébé
körpə

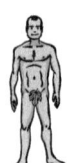

l'homme
kişi

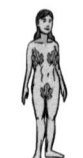

la femme
qadın

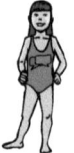

la fille
qız

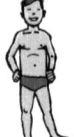

le garçon
oğlan

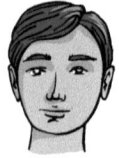

la tête
baş

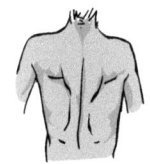

le dos

bel

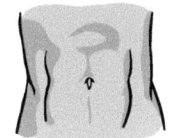

le ventre

qarın

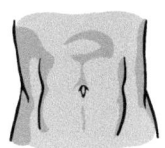

le nombril

göbək

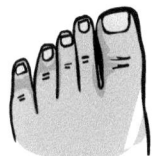

l'orteil

ayaq barmağı

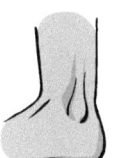

le talon

daban

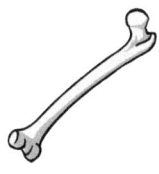

l'os

sümük

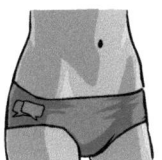

la hanche

bud

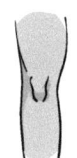

le genou

diz

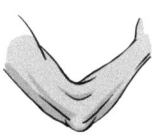

le coude

dirsək

le nez

burun

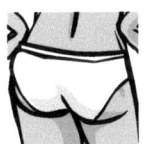

les fesses

sağrı

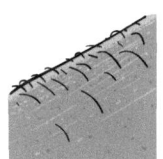

la peau

dəri

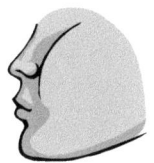

la joue

yanaq

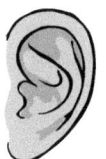

l'oreille

qulaq

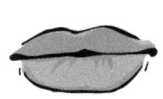

la lèvre

dodaq

la bouche
ağız

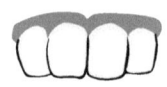

la dent
diş

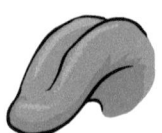

la langue
dil

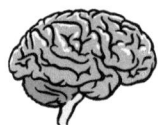

le cerveau
beyin

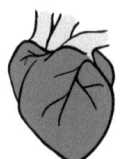

le cœur
ürək

le muscle
əzələ

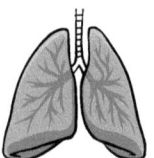

les poumons
ağciyər

le foie
qaraciyər

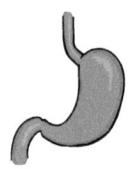

l'estomac
mədə

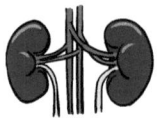

les reins
böyrəklər

le rapport sexuel
cinsi yaxınlıq

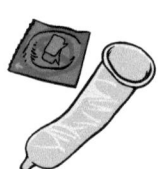

le préservatif
kondom

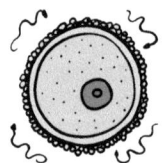

l'ovule
qadın cinsi hüceyrə

le sperme
sperma

la grossesse
hamiləlik

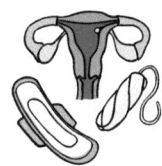

la menstruation
....
aybaşı

le vagin
....
vagina

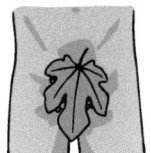

le pénis
....
penis

le sourcil
....
qaş

les cheveux
....
saç

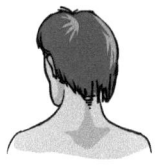

le cou
....
boyun

l'hôpital
xəstəxana

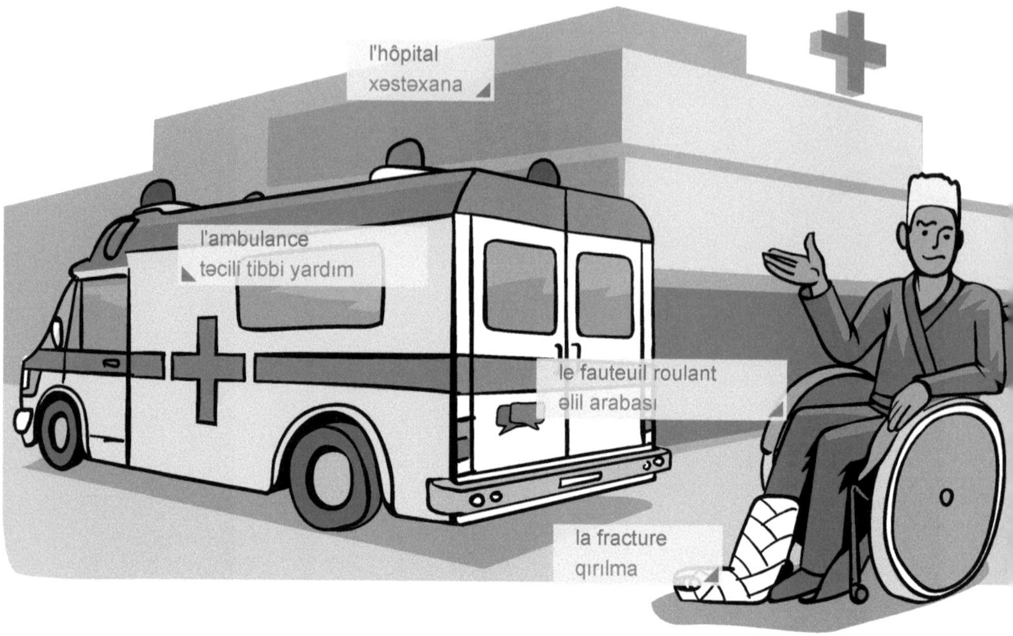

l'hôpital
xəstəxana
l'ambulance
təcili tibbi yardım
le fauteuil roulant
əlil arabası
la fracture
qırılma

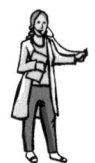

le médecin

həkim

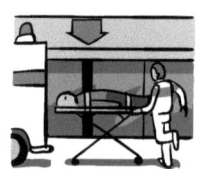

le service des urgences

reanimasiya şöbəsi

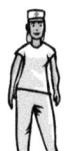

l'infirmière

tibb bacısı

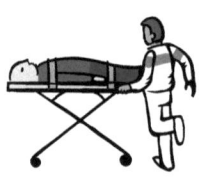

l'urgence

fövqəladə hallar

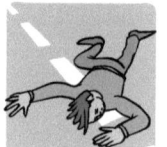

inconscient

huşunu itirmiş

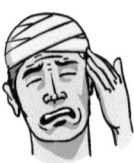

la douleur

ağrı

la blessure

zədə

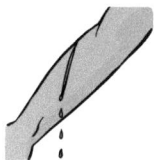

l'hémorragie

qanaxma

la crise cardiaque

infarkt

l'attaque cérébrale

insult

l'allergie

allergiya

la toux

öskürək

la fièvre

qızdırma

la grippe

qrip

la diarrhée

ishal

le mal de tête

başağrısı

le cancer

xərçəng

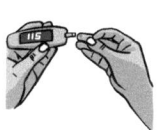

le diabète

şəkərli diabet

le chirurgien

cərrah

le scalpel

neştər

l'opération

əməliyyat

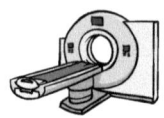

le CT

CT

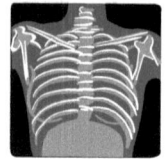

la radiographie

rentgen

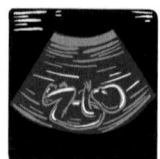

l'échographie

ultrasəs

le masque

maska

la maladie

xəstəlik

la salle d'attente

gözləmə otağı

la béquille

qoltuqağacı

le pansement

plaster

le pansement

sarğı

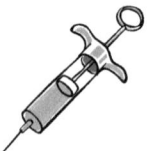

l'injection

inyeksiya

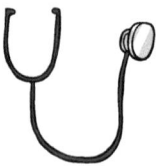

le stéthoscope

steteskop

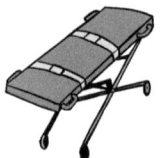

le brancard

xərək

le thermomètre

hərarətölçən

l'accouchement

doğum

la surcharge pondérale

çəki artıqlığı

l'appareil auditif

eşitmə aparatı

le désinfectant

dezinfeksiyaedici

l'infection

infeksiya

le virus

virus

le VIH / le sida

QİÇS

le médicament

tibb

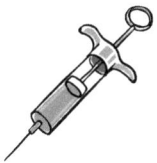

la vaccination

peyvənd

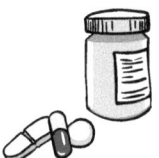

les comprimés

həblər

la pilule

həb

l'appel d'urgence

təcili zəng

le tensiomètre

qan təzyiqini ölçmək üçün
cihaz

malade / sain

xəstə / sağlam

Au secours !

Kömək edin!

l'alarme

həyəcan siqnalı

l'assaut

basqın

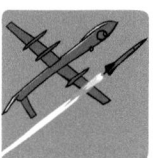

l'attaque

hücum

le danger

təhlükə

la sortie de secours

ehtiyat çıxışı

Au feu!

Yanğın!

l'extincteur

odsöndürən

l'accident

qəza

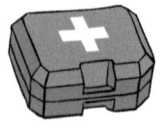

la trousse de premier secours

ilkin yardım qutus

SOS

SOS

la police

polis

l'Europe

Avropa

l'Amérique du Nord

Şimali Amerika

l'Amérique du Sud

Cənubi Amerika

l'Afrique

Afrika

l'Asie

Asiya

l'Australie

Avstraliya

l'Océan atlantique

Atlantik

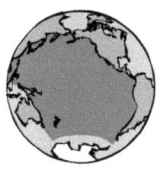

l'Océan pacifique

Sakit Okean

l'Océan indien

Hind okeanı

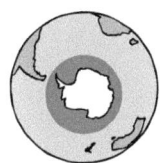

l'Océan antarctique

Antarktika Okeanı

l'Océan arctique

Şimal Buzlu okeanı

le Pôle nord

Şimal qütbü

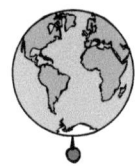

le Pôle sud

Cənub qütbü

l'Antarctique

Antarktika

la terre

Yer kürəsi

le pays

ölkə

la mer

dəniz

l'île

ada

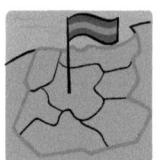

la nation

millət

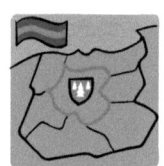

l'état

dövlət

le cadran

siferblat

l'aiguille des heures

saat əqrəbi

l'aiguille des minutes

dəqiqə əqrəbi

l'aiguille des secondes

saniyə əqrəbi

Quelle heure est-il ?

Saat neçədir?

le jour

gün

le temps

vaxt

maintenant

indi

la montre digitale

rəqəmsal saat

la minute

dəqiqə

l'heure

saat

la semaine
həftə

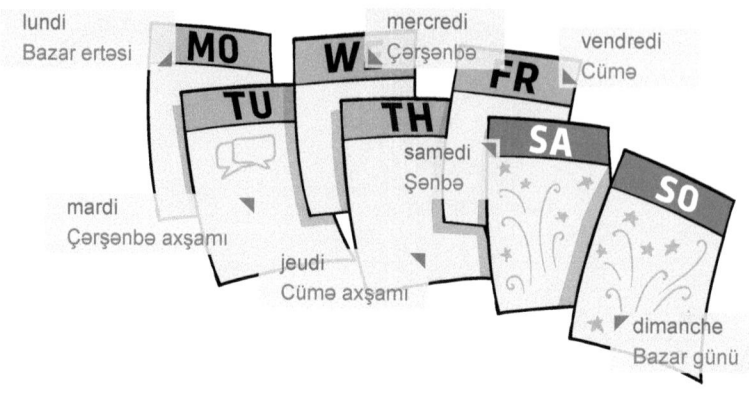

lundi
Bazar ertəsi

mardi
Çərşənbə axşamı

mercredi
Çərşənbə

jeudi
Cümə axşamı

samedi
Şənbə

vendredi
Cümə

dimanche
Bazar günü

hier

dünən

aujourd'hui

bugün

demain

sabah

le matin

səhər

le midi

günorta

le soir

axşam

MO	TU	WE	TH	FR	SA	SU
1	2	3	4	5	6	7
8	9	10	11	12	13	14
15	16	17	18	19	20	21
22	23	24	25	26	27	28
29	30	31	1	2	3	4

les jours ouvrables

iş günü

MO	TU	WE	TH	FR	SA	SU
1	2	3	4	5	6	7
8	9	10	11	12	13	14
15	16	17	18	19	20	21
22	23	24	25	26	27	28
29	30	31	1	2	3	4

le week-end

həftə sonu

l'année
il

l'arc-en-ciel
göy qurşağı
la pluie
yağış
la neige
qar
le vent
külək
le printemps
yaz
l'automne
payız
l'été
yay
l'hiver
qış

4.APRIL 11°
5.APRIL 4°
6.APRIL 13°
7.APRIL 8°
8.APRIL 10°

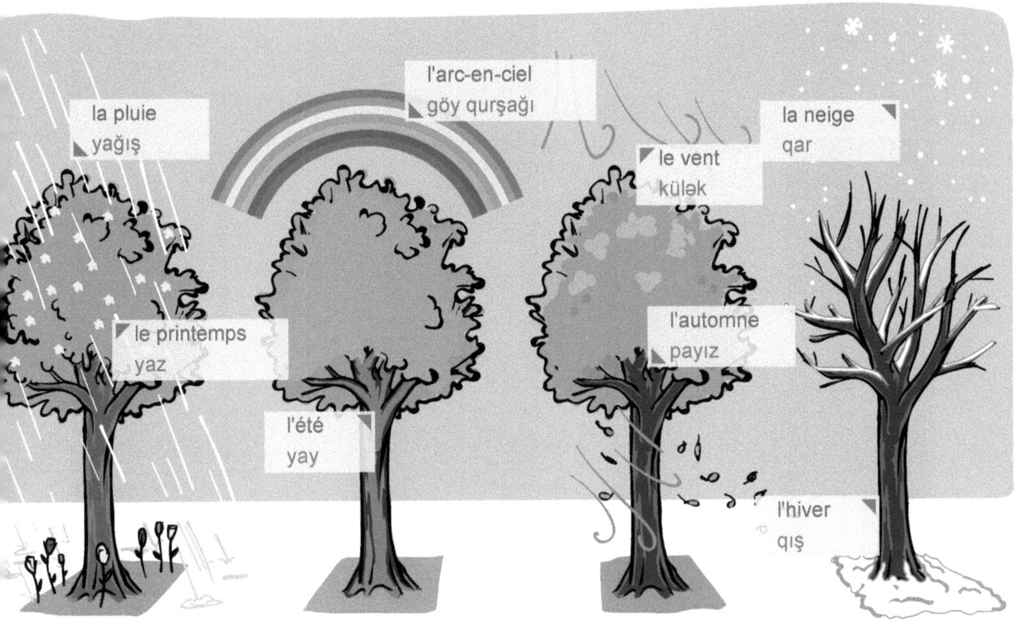

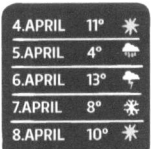

la météo
hava proqnozu

F C
120 90 60 30 0 -30
40 30 20 10 0 -10 -20

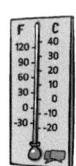

le thermomètre
termometr

la lumière du soleil
günəş işığı

le nuage
bulud

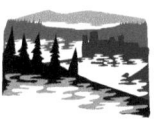

le brouillard
duman

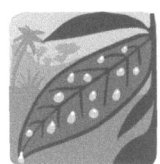

l'humidité
rütubət

la foudre

ildırım

la tonnerre

göy gurultusu

la tempête

fırtına

la grêle

dolu

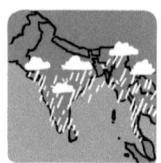

la mousson

musson

l'inondation

daşqın

la glace

buz

janvier

yanvar

février

fevral

mars

mart

avril

aprel

mai

may

juin

iyun

juillet

iyul

août

avqust

septembre
....
sentyabr

octobre
....
oktyabr

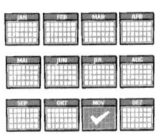

novembre
....
noyabr

décembre
....
dekabr

les formes

formalar

le cercle
....
dairə

le carré
....
kvadrat

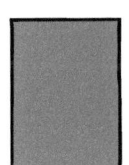

le rectangle
....
düzbucaqlı

le triangle
....
üçbucaq

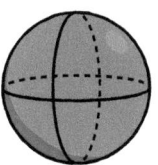

la sphère
....
kürə

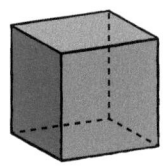

le cube
....
kub

les couleurs
rənglər

blanc

ağ

jaune

sarı

orange

narıncı

rose

çəhrayı

rouge

qırmızı

violet

bənövşəyi

bleu

mavi

vert

yaşıl

marron

palıdı

gris

boz

noir

qara

beaucoup / peu

çox / az

fâché / calme

qeyzli / sakit

joli / laid

yaraşıqlı / eybəcər

le début / la fin

başlanğıc / son

grand / petit

böyük / kiçik

clair / obscure

işıqlı / qaranlıq

frère / soeur

qardaş / bacı

propre / sale

təmiz / kirli

complet / incomplet

tam / natamam

le jour / la nuit

gündüz / gecə

mort / vivant

ölü / diri

large / étroit

geniş / dar

comestible / incomestible
yemeli / yeyilməyən

méchant / gentil
hirsli / mehriban

excité / ennuyé
həyəcanlı / bezmiş

gros / mince
kök / arıq

le premier / le dernier
ilk / son

l'ami / l'ennemi
dost / düşmən

plein / vide
dolu / boş

dur / souple
sərt / yumşaq

lourd / léger
ağır / yüngül

faim / soif
aclıq / susuzluq

malade / sain
xəstə / sağlam

illégal / légal
qanunsuz / qanuni

intelligent / stupide
ağıllı / axmaq

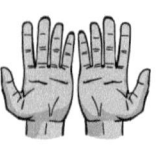

gauche / droite
sol / sağ

proche / loin
yaxın / uzaq

nouveau / usé

yeni / istifadə edilmiş

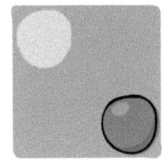

rien / quelque chose

heç bir şey / bir şey

vieux / jeune

qoca / gənc

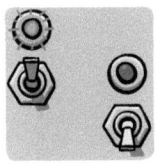

marche / arrêt

açma / bağlama

ouvert / fermé

açıq / bağlı

faible / fort

sakit/ bərk

riche / pauvre

varlı / kasıb

correct / incorrect

düzgün / səhv

rugueux / lisse

kobud / hamar

triste / heureux

kədərli / xoşbəxt

court / long

qısa / uzun

lent / rapide

yavaş / sürətli

mouillé / sec

yaş / quru

chaud / froid

isti / sərin

la guerre / la paix

müharibə / sülh

0

zéro

sıfır

1

un / une

bir

2

deux

iki

3

trois

üç

4

quatre

dörd

5

cinq

beş

6

six

altı

7

sept

yeddi

8

huit

səkkiz

9

neuf

doqquz

10

dix

on

11

onze

on bir

12

douze

on iki

13

treize

on üç

14

quatorze

on dörd

15

quinze

on beş

16

seize

on altı

17

dix-sept

on yeddi

18

dix-huit

on səkkiz

19

dix-neuf

on doqquz

20

vingt

iyirmi

100

cent

yüz

1.000

mille

min

1.000.000

le million

milyon

l'anglais

İngilis dili

l'anglais américain

İngilis dilinin amerikan
variantı

le chinois mandarin

Çin dilinin Mandarin dialekti

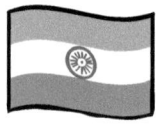

le hindi

Hind dili

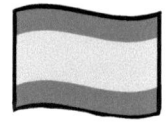

l'espagnol

İspan dili

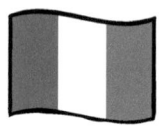

le français

Fransız dili

l'arabe

Ərəb dili

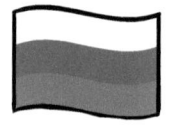

le russe

Rus dili

le portugais

Portuqal dili

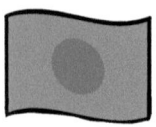

le bengali

Benqal dili

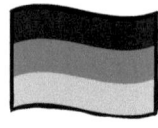

l'allemand

Alman dili

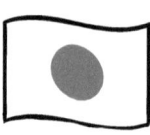

le japonais

Yapon dili

je
mən

tu
sən

il / elle / ce, c', cela
o / o / o

nous
biz

vous
siz

ils / elles
onlar

Qui ?
kim?

Quoi ?
nə?

Comment ?
necə?

Où ?
harada?

Quand ?
nə zaman?

le nom
ad

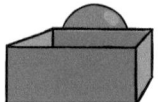

derrière

arxadan

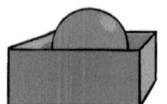

dans

içində

devant

qarşısında

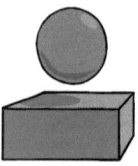

au-dessus

üzərində

sur

dair

en-dessous

altında

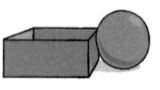

à côté de

yanaşı

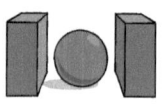

entre

arasında

le lieu

yer